まちごとチャイナ

Beijing 001 Beijing
はじめての北京
ニーハオ！北京

Asia City Guide Production

【白地図】北京近郊図

CHINA
北京

北京近郊図

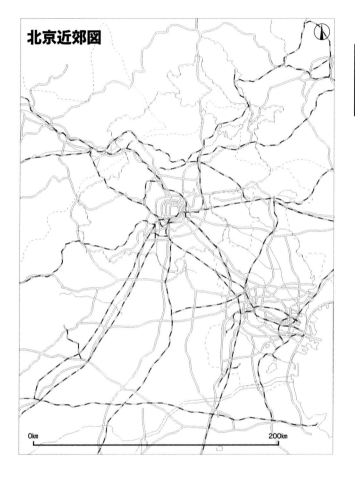

Beijing 白地図

【白地図】北京市街

CHINA
北京

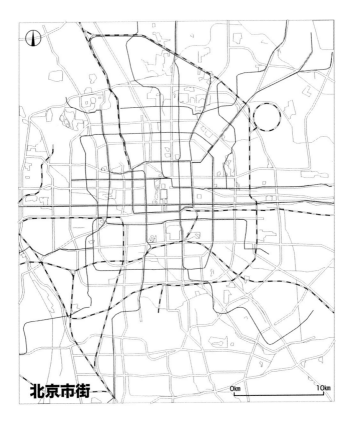

【白地図】故宮と北京中心部

CHINA
北京

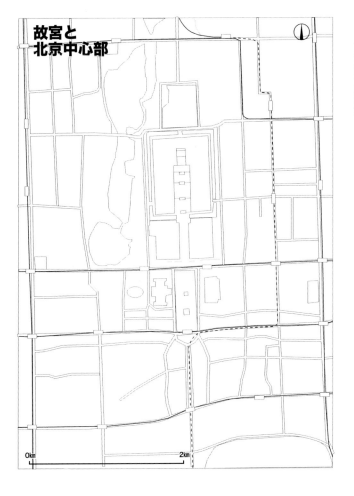

【白地図】故宮博物院

CHINA
北京

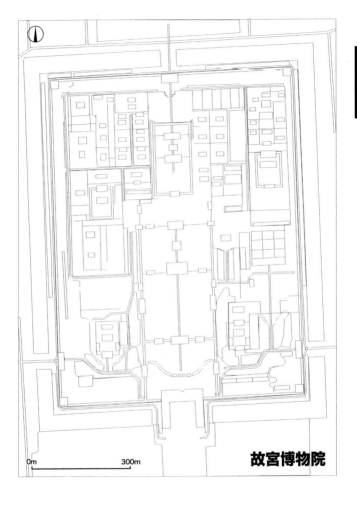

Beijing 白地図

故宮博物院

【白地図】王府井界隈

CHINA
北京

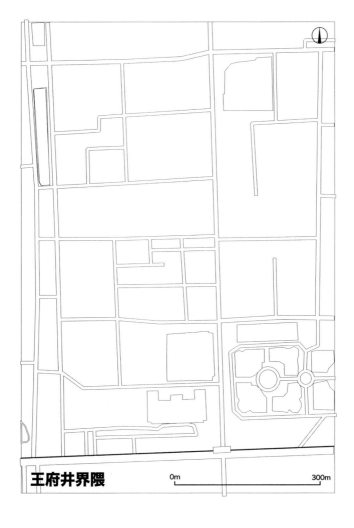

王府井界隈　0m　300m

Beijing 白地図

【白地図】前門界隈

CHINA
北京

Beijing 白地図

前門界隈

【白地図】天壇公園

CHINA
北京

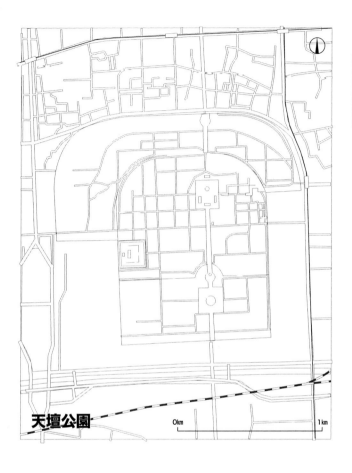

Beijing 白地図

天壇公園

【白地図】頤和園

CHINA
北京

頤和園

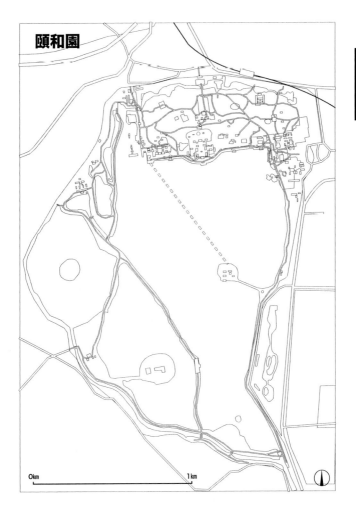

Beijing 白地図

【白地図】明十三陵

CHINA
北京

明十三陵

Beijing 白地図

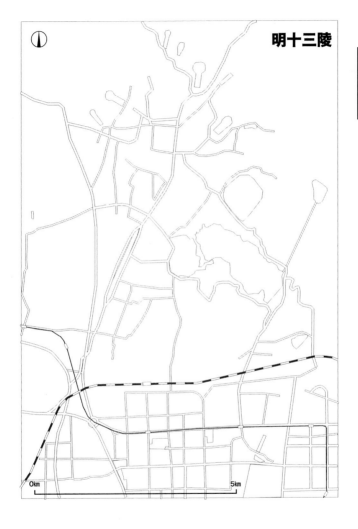

【白地図】八達嶺長城

CHINA
北京

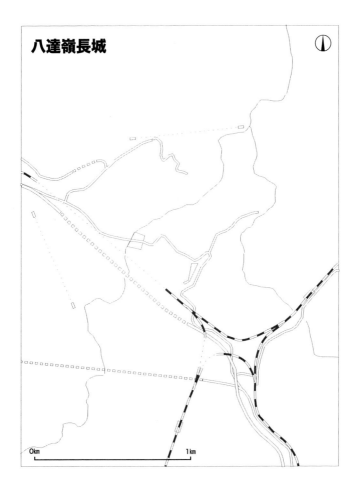

CHINA
北京

【まちごとチャイナ】
北京 001 はじめての北京
北京 002 故宮（天安門広場）
北京 003 胡同と旧皇城
北京 004 天壇と旧崇文区
北京 005 瑠璃廠と旧宣武区
北京 006 王府井と市街東部
北京 007 北京動物園と市街西部
北京 008 頤和園と西山
北京 009 盧溝橋と周口店
北京 010 万里の長城と明十三陵

東アジア全域に広がる国土、世界最大規模の人口、4000年の歴史をもつ中国の首都北京。万里の長城や明清時代に皇帝が暮らした故宮（紫禁城）を抱えるなど、中華の伝統を今に伝え、1949年の中華人民共和国の成立以来、首都がおかれている。

古代中国文明が育まれた黄河中流域からすれば、北京の地は東北の辺境に過ぎなかったが、10世紀ごろから北方の騎馬民族が南の農耕世界をうかがうための拠点となった。その後、モンゴル族（元）を破った明の永楽帝が元の居城（大都）跡

北京 běi jīng ペイジン

北京
Bei Jing

に紫禁城を造営し、明清時代の500年間を通じて、皇帝の都として繁栄を見せていた。

　このような歴史から北京中心部では、明清時代の街区を今でも残し、胡同と呼ばれる昔ながらの路地に人々の生活が息づいている。一方で経済発展を続ける中国の首都として、次々に高層ビルが姿を現し、郊外に向かって街は拡大を続けている。現在、北京は6つの世界遺産を抱え、古さと新しさが共存する巨大都市となっている。

【まちごとチャイナ】

北京 001 はじめての北京

CHINA
北京

目次

はじめての北京……………………………………………xxii

皇都700年の煌き ………………………………………xxviii

北京城市案内…………………………………………xxxiv

清朝が残した中国文化 …………………………………lxx

北京郊外城市案内 ……………………………………lxxvi

城市のうつりかわり ……………………………………xciv

【MEMO】

【地図】北京近郊図

【地図】北京近郊図の [★★★]
- ☐ 万里の長城 万里长城 ワンリィチャァンチャン
- ☐ 明十三陵 明十三陵 ミンシィサンリン

【地図】北京近郊図の [★☆☆]
- ☐ 盧溝橋 卢沟桥 ルゥゴウチャオ
- ☐ 周口店北京原人遺跡 周口店北京人遗址 チョウコウディエンベイジンレンイィチィ

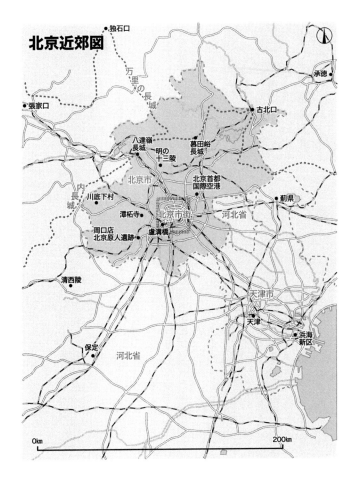

皇都
700年
の煌き

CHINA
北京

元、明、清、ラスト・エンペラー溥儀が退位するまで
北京には絶大な権力をもった皇帝が暮らしていた
故宮を中心に放射状に広がる悠久の都

故宮を中心とした空間

かつて皇帝が暮らした故宮（紫禁城）を中心に、強い中華の秩序のもと北京の街は構成されている。永定門、前門、天安門、午門、太和殿、鼓楼、鐘楼が南北の軸線上にならび、祖先をまつる太廟（労働人民文化宮）、農業神をまつる社稷壇（中山公園）が東西に配置されている。これらは中国の伝統的な『周礼』「考工記」をもとにしたもので、また故宮を中心に南に天壇、北に地壇、東に日壇、西に月壇がおかれている（祭祀が行なわれた）。北京には皇帝を中心とする儒教的な空間秩序が残り、明清時代から現在まで街の中心部の構造

▲左　北京の中心に位置する故宮（紫禁城）。　▲右　故宮の九龍壁、龍は皇帝を象徴する

は変わっていないという。

万里の長城近くに

紀元前の始皇帝の時代、またそれ以前から北方民族の侵入をふせぐために築かれてきた万里の長城。北京郊外に八達嶺長城が走っていることからも、北京は中国の国土のなかでは北（東北）にかたよって位置し、ちょうど農耕地帯と草原地帯の折衝地帯にあたる（明の永楽帝がこの街に遷都し、南京にあった都に対して、北京と名づけた）。燕山や太行山脈といった山々が北京の三方向をとり囲み、南に開けた地理は風水的

CHINA
北京

▲左　北京郊外に残る盧溝橋。　▲右　最先端をゆく三里屯、躍進を続ける北京の姿

にも龍脈が集まる「王者の地」だと言われる。

乾いた気候

北京は渤海湾から150km離れた内陸に位置し、夏は暑く、冬は寒い乾燥した気候をもっている。春（4〜5月）になると黄土高原やゴビ砂漠から飛んでくる黄砂が吹き、うだるような暑さの夏が到来する。また秋には美しい紅葉で彩られ、冬には湖の氷が凍てつきスケートを愉しむ人々が見られるといった劇的な四季が展開する。

【MEMO】

【地図】北京市街

【地図】北京市街の [★★★]
- ☐ 天安門広場 天安门广场 ティエンアンメングァンチャン
- ☐ 故宮博物院 故宫博物院 グゥゴォンボゥウユァン
- ☐ 天壇公園 天坛公园 ティエンタンゴンユェン
- ☐ 頤和園 颐和园 イィハァユェン

【地図】北京市街の [★★☆]
- ☐ 鳥の巣(北京国家体育場) 鸟巣 ニィアオチャオ
- ☐ 王府井 王府井 ワンフージン

【地図】北京市街の [★☆☆]
- ☐ 雍和宮 雍和宮 ヨンハァゴン
- ☐ 三里屯 三里屯 サンリィトゥン

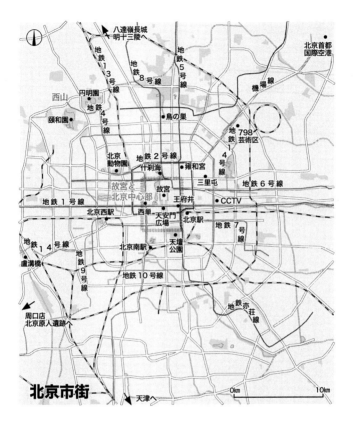

北京市街

Beijing 皇都700年の煌き

Guide, Beijing
北京
城市案内

天安門広場、故宮、景山へと続く南北の強い軸線
中国の理想が描かれた『周礼』をもとに
北京の街はかたちづくられてきた

天安門広場 天安门广场 tiān ān mén guǎng chǎng
ティエンアンメングァンチャン ［★★★］

毛沢東の肖像がかかげられた天安門前に位置する巨大な天安門広場。東西500m、南北880mの規模をもつ世界最大の広場で、中華人民共和国の象徴的な場所として知られる。1949年の中華人民共和国の建国にあたって整備され、歴史的には五四運動や文化大革命、天安門事件などの舞台にもなってきた。北側に故宮が位置するほか、敷地内に毛沢東の遺体をおさめた毛主席紀念堂、東に中国国家博物館、西に人民大会堂などがならぶ。

▲左　毛沢東の画像が見える、天安門広場。　▲右　世界最大の門と言われる午門、ここから故宮へ入る

故宮博物院 故宫博物院 gù gōng bó wù yuàn
グゥゴォンボゥウユァン ［★★★］

北京中心部に位置する故宮博物院は、東西753m、南北961mの敷地をもち、周囲を高さ10mの城壁で囲まれている。かつてここは紫禁城と呼ばれ、明清時代の700年にわたって皇帝が暮らし、中華世界の中心となってきた。皇帝の玉座があった太和殿を中心に軸線上に建物がならび、9999の部屋をもつと言われる。屋根には皇帝にのみ許された黄金の瑠璃瓦が使われ、皇帝を象徴する龍（また鳳凰は皇后を意味する）、皇帝の数字9（極数）の意匠で彩られている。北側の神武門

【地図】故宮と北京中心部

【地図】故宮と北京中心部の [★★★]
- [ ] 天安門広場 天安门广场 ティエンアンメングァンチャン
- [ ] 故宮博物院 故宫博物院 グゥゴォンボウユァン
- [ ] 天壇公園 天坛公园 ティエンタンゴンユェン

【地図】故宮と北京中心部の [★★☆]
- [ ] 胡同 胡同 フートン
- [ ] 王府井 王府井 ワンフージン
- [ ] 瑠璃廠 琉璃厂 ルーリーチャン

【地図】故宮と北京中心部の [★☆☆]
- [ ] 北海公園 北海公园 ベイハイゴンユゥエン
- [ ] 前門（正陽門） 前门 チエンメン

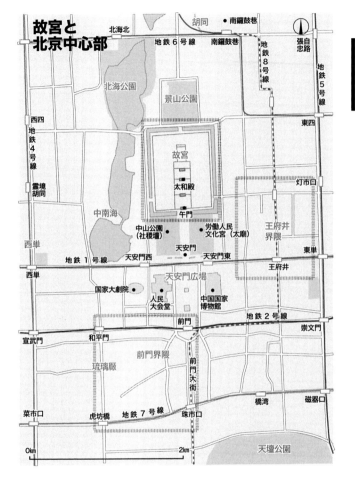

【地図】故宮博物院

【地図】故宮博物院の [★★★]
- [ ] 故宮博物院 故宮博物院 グゥゴォンボゥウユァン

【地図】故宮博物院の [★★☆]
- [ ] 外朝 外朝 wài cháo ワイチャオ
- [ ] 内廷 内廷 nèi tíng ネイティン

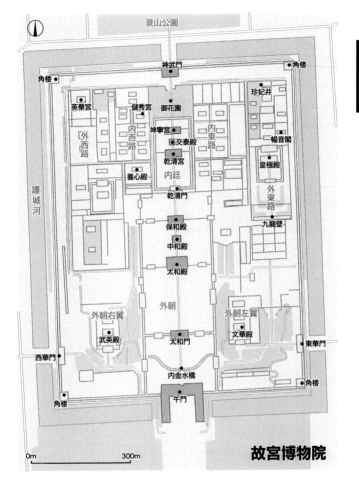

CHINA
北京

▲ 中華の宇宙軸と考えられてきた太和殿、皇帝が坐した

を出たところにそびえる景山からは故宮を一望できる。

ふたつの故宮

北京（中国）と台北（台湾）の二ヵ所に存在する故宮博物院。清朝崩壊後に紫禁城から故宮へと名称が変更され、1925年以来、博物院として公開されるようになった（当時、北京は北平と呼ばれ、故宮の内廷には引き続きラスト・エンペラーこと溥儀が暮らしていた）。1931年の満州事変以降、日本軍が華北に進出するようになると、宝物を略奪されることを恐れた当時の国民政府が南方へ運び出し、その後、国共内戦

【MEMO】

▲左　壮大な規模をもつ外朝、黄金に輝く瑠璃瓦が続く。　▲右　屋根先の走獣、最高格の太和殿には 10 ならぶ

に突入したため四庫全書や玉などの遺品は台湾へ渡ることになった。

外朝 外朝 wài cháo ワイチャオ［★★☆］

故宮の正門である午門（高さ 38m）から入り、太和門、太和殿、中和殿、保和殿と続く外朝。ここは皇帝が家臣の官吏と公式に謁見する場所だったところで、とくに太和殿は「宇宙の中心」と考えられ、皇帝が坐する玉座がおかれていた。科挙に合格して選ばれた官吏たちが、太和殿前の広場で皇帝にひれ伏すといった光景がかつて見られたという。皇帝の司る日暈

【MEMO】

北京

（暦を調べる）や嘉量（度量衡）が銅製の鶴や亀の近くに配されているほか、建物の屋根には魔除けの走獣が見られ、その数が多いほど宮殿の格式が高いことを意味する。

内廷 内廷 nèi tíng ネイティン ［★★☆］
故宮後方に位置し、外朝三殿と対になるようにならぶ内廷三宮。内廷は皇帝、皇后、女官らが暮らした私的な空間で、皇帝とその親族以外の男子が入ることは原則許されず、女官や宦官（去勢された男性）の世界が広がっていた。乾清宮が皇帝が日常の業務を行なった正宮で、その北の坤寧宮（皇后の

▲左　清代、豊かな宮廷文化、民衆文化が花開いた。　▲右　漢字と満州文字が併記されている、清朝は満州族の王朝だった

正宮)、故宮の北側の門である神武門の軸線を中心に、東西に女官たちの暮らす宮殿が配されていた。清朝末期に活躍した西太后の名前は、西側の宮殿に暮らしていたことから名づけられた。

▲左　北海公園にある仿膳飯荘、宮廷料理を今に伝える。　▲右　人々の生活が息づく胡同、故宮をとりかこむように走る

北海公園 北海公园
běi hǎi gōng yuán ベイハイゴンユゥエン ［★☆☆］

故宮の西側に広がる北海公園。元代に整備された宮廷地区の一部だったところで、北方の玉泉山からひかれた水が北海、中海、南海をつくっている。冬になると凍りつく氷上でスケートを愉しむ人々が見られるほか、湖近くに広がる什刹海は北京の下町の雰囲気を残している（また中南海は中国政治の中心地として知られる）。

北京

胡同 胡同 hú tóng フートン [★★☆]

故宮の周囲には胡同と呼ばれる路地がいくつも走り、そこでは清朝以来の街並みとともに、北京で暮らす庶民の生活が見られる(胡同という言葉はモンゴル語の「井戸」「集落」に由来する)。明代には459本、清代には978本の胡同があり、「すべての胡同をつなげれば、もうひとつの万里の長城になる」と言われるほどだった。現在、北京の都市開発が進み、胡同も大きく変貌しようとしている。

▲左　北京オリンピックのメインスタジアムだった鳥の巣。　▲右　北京人の朝食、豆腐や饅頭を食べる

雍和宮 雍和宫 yōng hé gōng ヨンハァゴン ［★☆☆］

安定門近くに立つチベット仏教寺院、雍和宮。清朝時代の1694年に建てられ、北京のチベット仏教の総本山となってきた。雍和宮という名前は第5代雍正帝の即位前の邸宅だったことにちなむ。

北京

鳥の巣（北京国家体育場）鸟巢
niǎo cháo ニィアオチャオ ［★★☆］

故宮の北、北京をつらぬく軸線上に建てられた北京国家体育場。そのデザインから「鳥の巣」の愛称をもち（ヘルツォーク・ド・ムーロンによる設計）、4万4000tもの鉄骨が使用されている。2008年に行なわれた北京オリンピックのメインスタジアムだったところで、すぐ近くに「水立方」こと国家水泳センターも立つ。

【MEMO】

【地図】王府井界隈

【地図】王府井界隈の [★★☆]
□ 王府井 王府井ワンフージン

北京

王府井 王府井 wáng fǔ jǐng ワンフージン ［★★☆］

故宮の東側を南北に走る王府井。20世紀になって北京随一の繁華街へと成長し、かつて日本人からは北京銀座と呼ばれていた。もともと明の永楽帝の時代に10の王府がおかれ、この王府の一角に水が出る井戸があったため、この名前がつけられた。王府井に立つ北京飯店は、北京随一の格式を誇るホテルで、1917年に開館した歴史をもつ。

▲左　三里屯ヴィレッジ、若者が行き交う。　▲右　王府井の百貨大楼、多くに人でにぎわっている

三里屯 三里屯 sān lǐ tún サンリィトゥン ［★☆☆］

北京市街東の朝陽区に広がる三里屯。21世紀になって開発された三里屯ヴィレッジやSOHOなど複合施設が立つほか、カフェやバーがならぶエリアとなっている。

前門（正陽門）前门 qián mén チエンメン ［★☆☆］

北京をつらぬく南北の軸線にあり、かつて紫禁城の表玄関にあたった前門。高さ42mの巨大な門は、満州族の旗人が暮らす内城と漢族の暮らす外城をわけ、この門の東西に城壁が続いていた。前門から南に伸びる前門大街は清代、北京随一

【地図】前門界隈

【地図】前門界隈の [★★★]
- [ ] 天安門広場 天安门广场 ティエンアンメングァンチャン

【地図】前門界隈の [★★☆]
- [ ] 瑠璃廠 琉璃厂 ルーリーチャン

【地図】前門界隈の [★☆☆]
- [ ] 前門（正陽門）前门 チエンメン

北京

の通りだったところで、北京ダックの全聚徳をはじめとする有名店がならぶ。また近くには清朝以来の歓楽街、大柵欄、天橋や胡同など趣きある街並みが残っている。

瑠璃廠 琉璃厂 liú lí chǎng ルーリーチャン ［★★☆］
文房四宝や古書を扱う店がならぶ瑠璃廠。清代から文人が集ったところで、現在も清朝時代の面影を残す通りとなっている（清朝に仕えた文人が瑠璃廠に移るようになった）。瑠璃廠という名前は紫禁城で使う瑠璃瓦を焼く工房があったところからつけられた。

【MEMO】

【地図】天壇公園の [★★★]

□ 天壇公園 天坛公园ティエンタンゴンユェン

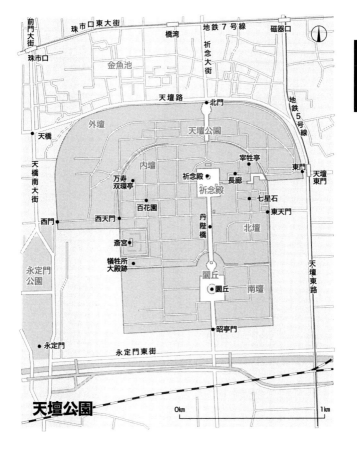

天壇公園

北京

天壇公園 天坛公园
tiān tan gōng yuán ティエンタンゴンユェン ［★★★］

北京の中心から南に位置する天壇公園は、皇帝が祭祀をとり行なったところで、祭祀を行なう圜丘、円形プランに青の瑠璃瓦が載る祈念殿が見られる。中国では始皇帝の時代以前から「天の思想」があり、皇帝は天の代理者として祭祀を行ない、五穀豊穣、天下泰平を祈っていた。現在は世界遺産に指定され、さまざまな人々が訪れる公園として開放されている。

▲左　北京外城のメインストリート前門大街。　▲右　円型のプランをもつ天壇公園の祈年殿

天とは

中国のあらゆる祭祀のなかで、皇帝が天を祀る祭祀はもっとも重要だったもので、それは都の南で行なわれた（陰から陽に転ずる冬至がその日で、地の神への祭祀は北の地壇で行なわれた）。中国では災害や疫病、戦などあらゆるものが天の意思によると信じられ、国家や社会、道徳のありかたにも影響するなど3000年以上、最高の神格であり続けた。祭祀によって天と向かいあう皇帝は天子と見なされ、天の代理者（もしくは天そのもの）と考えられていた。

【地図】頤和園

【地図】頤和園の [★★★]
- 頤和園 頤和园 イィハァユェン

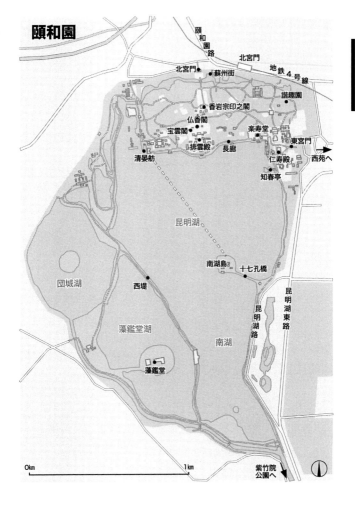

北京

頤和園 颐和园 yí hé yuán イィハァユェン [★★★]

「西山」と総称される北京北西の地は風光明媚の地と知られ、清朝時代、頤和園には離宮がおかれていた。この庭園は万寿山の地形を利用して造営され、昆明湖にのぞむように宮殿がならび、中央には仏香閣がそびえている。北京に都があった金(12世紀)の時代から名勝の地とされていたが、清代になって第6代乾隆帝の時代に整備され、その後、奢侈をきわめた西太后が1年の大半をここで過ごすようになった。アロー号事件、日清戦争、義和団の乱という清朝末期の激動の時代にあって、西太后によって巨額の財を投じて建てられた宮殿群

▲左　仏香閣、頤和園にあって一際目立つ。　▲右　頤和園の昆明湖、西太后が船を浮かべたという

が美しい山水と調和するように残っている。

絶大な権力をほこった西太后

清朝末期の第9代咸豊帝、第10代同治帝、第11代光緒帝時代に半世紀にわたって絶大な権力をふるった西太后（紫禁城の西六宮に暮らしていたことからこの名前がつけられた）。咸豊帝の妃として頭角をあらわし、光緒帝の時代に垂簾聴政を行なうなど、中国の歴史のなかでも女性が権力をにぎった稀有な例として漢代の呂后や唐代の則天武后とくらべられる。西太后の食卓には100皿もの料理（満漢全席）がならん

CHINA
北京

だと言われ、頤和園の昆明湖に船を浮かべたり、観劇を愉しむなどその生活は奢侈をきわめた（日清戦争のとき、北洋艦隊の軍事費を頤和園整備に流用したと言われる）。

清朝が残した中国文化

CHINA
北京

長袍を身にまとった辮髪の中国人のイメージ
清朝は北京に大きな足跡を残すことになった
現在の中国の領土もまた清朝のそれを受け継いでいる

普通語（北京官話）

中国の公用語「普通語」は清朝時代の北京で話されていた北京官話をもとに成立した。満州族による清朝が樹立された17世紀、当時の北京の言葉と満州語が交わって形成され、紫禁城をはじめとする公的な場で官吏などに話されていたことから北京官話と呼ばれるようになった。また中華人民共和国成立後、漢字の表記は香港や日本で使われる繁体字ではなく、「へん」や「つくり」が簡略された簡体字がもちいられている（たとえば天壇公園は、天坛公园）。

【MEMO】

CHINA
北京

チャイナ・ドレス（旗袍）

襟が立ち、美しいシルエットをもつチャイナ・ドレス。もともとこの服装は満州旗人の女性が着る服装だったもので、旗袍（チーパオ）と呼ばれていた。20世紀になって中華民国時代に入ると、清朝貴婦人の服装が着られるようになり、それが一般の女性にも流行した。やがて身体のラインが強調されるなど洗練が進み、中国女性の代表的な服装として定着した。中国では歴史的に王朝の交替とともに、暦が替わり、また服装が替わる易服が行なわれてきた。

▲左　宮廷に仕えた満州族の衣装。　▲右　清代、前門の内側(内城)に満州族、外側（外城）に漢族が暮らした

京劇

甲高い歌声と音楽の伴奏、華麗な衣装や隈取などの化粧で知られる京劇は、清朝時代に北京で育まれた。もともと安徽省や湖北省の地方劇団が、皇帝に献上するために上京して芝居をし、そのまま北京に居続けたことで大成された。「戯迷」という言葉もあるほど中国人の芝居好きは有名で、西太后などの宮廷の人々や観劇好きの北京人に観られることで京劇は洗練されていったと言われる。

▲左　北京ダック、外はパリパリ、なかはやわらかい。　▲右　美しい衣装が見られる京劇、北京名物のひとつ

辮髪

一部を残して髪を剃りあげ、残りの髪を結う辮髪は満州族の伝統的な頭髪スタイルで、清朝時代は原則すべての男子がこの髪型をしていた。辮髪は古来、北方民族のあいだで行なわれてきたもので、清朝がはじめて北京に入城したときは漢族の抵抗を受けたが、やがて300年の統治期間で中国でも定着していった。のちに満州族の清朝を打倒した孫文らの革命家は「辮髪を切ること」を象徴的行為とし、1912年に辛亥革命が起こると人々は辮髪を切り落とすようになった。当時の様子は魯迅の小説『阿Q正伝』にも描かれている。

Guide, Around Beijing
北京郊外城市案内

中国北方を東西につらぬく万里の長城
明の皇帝たちが眠る陵墓
北京郊外に位置する世界遺産へ足を伸ばす

明十三陵 明十三陵
míng shí sān líng ミンシィサンリン [★★★]

15世紀、明朝第3代永楽帝の時代に南京から北京に遷都され、以来、明清時代を通じて北京に都がおかれるようになった。明の皇帝が眠る十三陵は、北京市街から北西に50km離れた昌平県にあり、北、西、東の三方向を山に囲まれ、周囲40kmの広大な敷地に広がっている。第3代永楽帝から最後の第17代崇禎帝へと続く14人の皇帝のうち、第7代景泰帝をのぞく13人の皇帝の陵墓が残り、明の十三陵として世界遺産に指定されている（初代洪武帝の陵墓は南京にある）。

▲左　北京郊外の 八角遊楽園にて。　▲右　明の 13 人の皇帝が眠る明十三陵

定陵（万暦帝、廟号神宗）[★★☆]

第 14 代万暦帝（1563 〜 1620 年）が眠る定陵は、6 年の歳月、800 万両の銀、3 万人という職人の動員によって、1590 年に完成した。万暦帝とふたりの皇后が埋葬された地下宮殿が残っていて、前殿、中殿、後殿が中軸線上にならぶ（地下 20m の深さに全長 88m、高さ 7m の地下宮殿が造営され、柱がなく、天井は石のアーチで支えられている）。万暦帝の時代は農民が疲弊し、黄河が決壊するなど混乱が続き、くわえて万暦の三大遠征（ひとつは豊臣秀吉の朝鮮遠征に対する）が行なわれた。定陵の造営は、国の財政をかたむけ、この時

【地図】明十三陵

【地図】明十三陵の ［★★★］
- [ ] 明十三陵 明十三陵ミンシィサンリン

【地図】明十三陵の ［★★☆］
- [ ] 定陵（万暦帝、廟号神宗）

CHINA
北京

▲左　明最後の崇禎帝は故宮北の景山で自殺をはかった。　▲右　明の第3代永楽帝、都を北京に遷した

代に明の滅亡がはじまったと言われる。

【MEMO】

CHINA
北京

万里の長城 万里长城
wàn lǐ cháng chéng ワンリィチャァンチャン [★★★]

渤海沿岸の山海関（渤海湾岸）から北京、大同をへて甘粛省の嘉峪関まで2700km以上続く万里の長城。紀元前7世紀の春秋戦国時代から北方の騎馬民族の侵入をふせぐために造営がはじまり、紀元前221年に中国を統一した秦の始皇帝がそれらをつなげて整備した。現在、八達嶺長城で見られるものは明代のもので、黄土を固めた版築の方法でつくられ、高さ9m、幅は上部で4.5m、下部は9mにもなる。この万里の長城は人類史上最大の建造物と言われ、世界遺産にも指定されている。

▲左　マルコ・ポーロが『東方見聞録』に記した盧溝橋。　▲右　どこまでも続く万里の長城

南北の対決

4000年と言われる歴史にあって、中国では始皇帝の時代から北方の騎馬民族と南方の農耕民族の争いが続いてきた。万里の長城をつくって北方の遊牧国家匈奴と相対した始皇帝の秦、また北元（モンゴル族）から領土を守るために万里の長城を整備した明というように、万里の長城は両者の折衝点となってきた。始皇帝時代の万里の長城は、八達嶺長城よりもさらに北に位置し、万里の長城で警備にあたる兵士は、侵入者を確認すると狼煙をあげて味方に伝えるといった方法がとられていた。隋唐（鮮卑族による王朝とされる）や元（モン

【地図】八達嶺長城

【地図】八達嶺長城の [★★★]
- [ ] 万里の長城 万里长城 ワンリィチャァンチャン

CHINA
北京

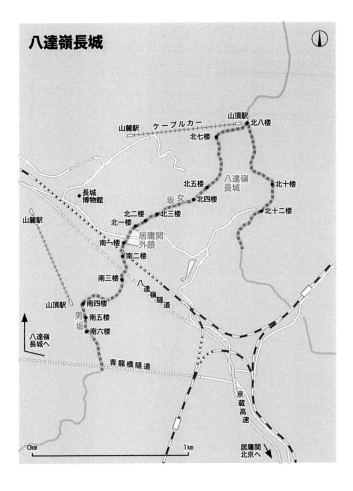

【MEMO】

Beijing | 北京郊外城市案内

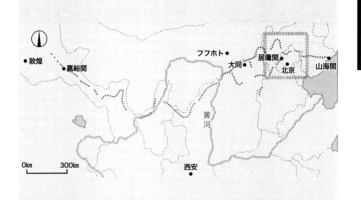

北京近郊を走る万里の長城。
内長城と外長城がある。

万里の長城

ゴル族)、清(満州族)などが漢族とは異なる北方を出自とする中国王朝で、いくつもの民族が混血するなかで現在の漢民族が形づくられた。

盧溝橋 卢沟桥 lú gōu qiáo ルゥゴウチャオ［★☆☆］
北京中心部から南西に15km、永定河にかかる盧溝橋。長さ266.5m、幅9.3mの橋は漢白玉製で、美しい11のアーチ式橋脚をもつ。元の時代、フビライ・ハンの宮廷を訪れたマルコ・ポーロが「全く世界中どこを捜しても匹敵するものはないほどのみごとさ」と『東方見聞録』のなかで紹介したこと

▲左　首都博物館には古今問わず数々の展示がならぶ。　▲右　北京では古さと新しさが同居する

から、ヨーロッパではマルコ・ポーロ・ブリッジと呼ばれている。また1937年に夜間演習をしていた日本軍と中国軍とのあいだに起こった銃撃戦（盧溝橋事件）がきっかけで日中戦争に突入した歴史がある。

周口店北京原人遺跡 周口店北京人遗址 zhōu kǒu diàn běi jīng rén yí zhǐ チョウコウディエンベイジンレンイィチィ ［★☆☆］

北京市街から南西50kmに位置する周口店北京原人遺跡。このあたりの竜骨山一帯にあった洞窟から、70万年〜20万年前に生きた40体以上の北京原人の化石が見つかった。北京

【MEMO】

CHINA
北京

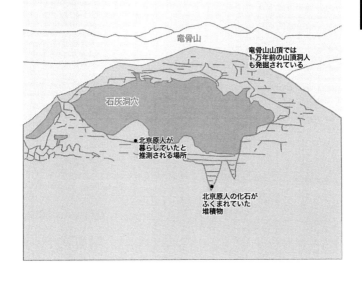

原人は「現生人類とは異なる人類進化形態のひとつ」である原人に分類され、堆積物から鹿や獣を食し、火を使っていたことがわかっている(直立二足歩行をしていた)。数十万年続いた期間の長さや発掘品の豊富さなどから古代人類を知る貴重な手がかりとなっており、1987年、世界遺産に登録された。

北京

竜骨からの発見

北京原人の発見のきっかけになった化石は、竜骨と呼ばれ、中国では漢方薬の材料として古くから重宝されていた(象やサイ、鹿、牛、馬、羊、豚などの骨)。スウェーデン人学者アンダーソンは、地元住民の案内で周口店の地を訪れ、ほ乳類の化石が出土することを知り、1926年、古代人類の歯らしいものを発見したと発表した。それを受けて北京原人の発掘がはじまり、その過程で、今から1万年前の山頂洞人の存在も確認され、北京の地で人類の活動が70万年前から長期にわたって続いていたことがわかった。

城市のうつりかわり

CHINA
北京

北と南、騎馬民族と農耕民族が覇を競い
皇帝が君臨した明清時代をへて
北京は現代中国の顔とも言うべき政治の都となっている

中原から遠く離れて（古代から隋唐、〜10世紀）

70〜50万年前に生きた北京原人の存在が確認されるなど、人類黎明期から足跡が見られる北京の地。古く「燕」と呼ばれたこの街が歴史に現れるのは周代のことで、紀元前1050年ごろ殷を破った周の東征過程で、功臣の召公奭が燕王として北京の地に封建された（周はその一族や有力者を各地に封建した）。周の勢力が弱まり春秋戦国時代（紀元前722〜前221年）に入ると、燕は戦国七雄の一角として登場し、やがて始皇帝の支配下に入った。その後の隋唐時代には幽州と呼ばれ、運河の北端にあることや高句麗遠征の拠点となったこ

城市のうつりかわり

となどから、黄河中流域から東北、朝鮮半島にいたる要衝となっていた。また都長安（西安）と離れていたため、この地域の独自性は強く、唐代、安史の乱（755〜763年）を起こした安禄山が燕に拠点を構えていた。

征服王朝中原をうかがう（遼、金、元、10〜14世紀）
907年、唐が滅ぶと中国は混乱の時代（五代十国）に入り、北京をふくむ燕雲十六州は北方の騎馬民族、遼の領土となった（南方の宋と対峙した）。その後も北京は、万里の長城以北を出自とする遼、金、元といった北方民族による中原をの

CHINA
北京

ぞむ足がかりとなる都がおかれるようになった。こうした遊牧民族は漢族の優れた文化を積極的にとりいれたが、とくに元のフビライ・ハンは1263年、北方の草原と南の農耕地帯がまじわる北京の地に都をつくることを決めた。この大都は長さ30kmの城壁で囲まれた広大な規模をもち、街の中心は今の北海公園にあった。この都の道路網などは現在の北京と重なり、そのうえに明清時代の街がつくられた。

紫禁城と皇帝の都（明清、15〜20世紀）

14世紀なかごろ、モンゴル族の支配に対して、各地で反乱

Beijing 城市のうつりかわり

▲左　夜ライトアップされた天安門。　▲右　四合院と呼ばれる北京の伝統的な住宅

が起こるようになり、1368年、朱元璋は漢族による明を樹立してその都は南京におかれた。第3代永楽帝は北京に遷都し、北京は以後、1912年まで皇帝が暮らす都となった（紫禁城、天壇、胡同などの構成はこの時代に由来する）。明末期、農民反乱が続き、1644年、その軍が北京にせまると明の崇禎帝は紫禁城北の景山で自殺した。これに代わって紫禁城に入ったのが満州族の清で、第4代康熙帝、第5代雍正帝、第6代乾隆帝と清朝の黄金時代が続いた。清朝末期になると、西太后が皇帝に代わって絶大な権力をふるったが、やがて日清戦争、義和団事件などをへて、1912年の辛亥革命で清朝

の歴史は幕を閉じた。中国最後の皇帝となった宣統帝はラスト・エンペラーと呼ばれている。

近代から現代へ（中華民国、中華人民共和国、20世紀〜）
1912年、清朝滅亡後の北京は中国各地に割拠する軍閥の争奪の的となり、中国の権益獲得を目指す日本も北京へと進出した。こうしたなか辛亥革命の孫文の意思を受けた蒋介石が南京から北伐を開始し、1928年、北京はその影響下に入って北平と改称された。こうしたなか1937年、北京南西の盧溝橋近くに駐屯していた日本軍と中国軍のあいだで日中戦争

Beijing 城市のうつりかわり

▲左　りんご飴のような糖葫芦、中身はさんざし。　▲右　北京動物園のパンダ、愛くるしいたたずまい

がはじまり、以後、日本と中国は泥沼の戦争へと突入する（このような時代、中国共産党は上海で結成された）。1945年の日本敗戦後、国共内戦が激化し、やがて中国共産党による中華人民共和国が1947年に成立し、北京はその首都となった。現在、北京は東アジアの大国、中国の政治、外交の中心地となっていて、2008年には北京五輪を成功させるなど、その存在感を増し続けている。

参考文献

『北京』（竹内実 / 文藝春秋）

『北京案内記』（安藤更生 / 新民印書館）

『紫禁城』（入江曜子 / 岩波書店）

『北京都市空間を読む』（陣内秀信ほか編 / 鹿島出版会）

『新中国の旅 1』（講談社）

『中国の歴史散歩 1』（山口修 / 山川出版社）

『中国世界遺産の旅』（石橋崇雄 / 講談社）

『世界大百科事典』（平凡社）

［PDF］北京空港案内 http://machigotopub.com/pdf/beijingairport.pdf

［PDF］北京空港シャトルバス路線図 http://machigotopub.com/pdf/beijingairportbus.pdf

［PDF］北京地下鉄路線図 http://machigotopub.com/pdf/beijingmetro.pdf

［PDF］地下鉄で「北京めぐり」 http://machigotopub.com/pdf/metrowalkbeijing.pdf

［PDF］北京新都心 CBD 案内 http://machigotopub.com/pdf/beijingcbdmap.pdf

まちごとパブリッシングの旅行ガイド
Machigoto INDIA , Machigoto ASIA , Machigoto CHINA

【北インド - まちごとインド】

001 はじめての北インド
002 はじめてのデリー
003 オールド・デリー
004 ニュー・デリー
005 南デリー
012 アーグラ
013 ファテープル・シークリー
014 バラナシ
015 サールナート
022 カージュラホ
032 アムリトサル

【西インド - まちごとインド】

001 はじめてのラジャスタン
002 ジャイプル
003 ジョードプル
004 ジャイサルメール
005 ウダイプル
006 アジメール(プシュカル)
007 ビカネール
008 シェカワティ
011 はじめてのマハラシュトラ
012 ムンバイ
013 プネー
014 アウランガバード
015 エローラ
016 アジャンタ
021 はじめてのグジャラート
022 アーメダバード
023 ヴァドダラー(チャンパネール)
024 ブジ(カッチ地方)

【東インド - まちごとインド】

002 コルカタ
012 ブッダガヤ

【南インド - まちごとインド】

001 はじめてのタミルナードゥ
002 チェンナイ
003 カーンチプラム
004 マハーバリプラム
005 タンジャヴール
006 クンバコナムとカーヴェリー・デルタ
007 ティルチラパッリ
008 マドゥライ
009 ラーメシュワラム
010 カニャークマリ
021 はじめてのケーララ
022 ティルヴァナンタプラム
023 バックウォーター(コッラム〜アラップーザ)
024 コーチ(コーチン)
025 トリシュール

【ネパール - まちごとアジア】

001 はじめてのカトマンズ
002 カトマンズ
003 スワヤンブナート

004 パタン
005 バクタプル
006 ポカラ
007 ルンビニ
008 チトワン国立公園

【バングラデシュ - まちごとアジア】

001 はじめてのバングラデシュ
002 ダッカ
003 バゲルハット（クルナ）
004 シュンドルボン
005 ブティア
006 モハスタン（ボグラ）
007 パハルプール

【パキスタン - まちごとアジア】

002 フンザ
003 ギルギット（KKH）
004 ラホール
005 ハラッパ
006 ムルタン

【イラン - まちごとアジア】

001 はじめてのイラン
002 テヘラン
003 イスファハン
004 シーラーズ
005 ペルセポリス
006 パサルガダエ（ナグシェ・ロスタム）
007 ヤズド
008 チョガ・ザンビル（アフヴァーズ）
009 タブリーズ

010 アルダビール

【北京 - まちごとチャイナ】

001 はじめての北京
002 故宮（天安門広場）
003 胡同と旧皇城
004 天壇と旧崇文区
005 瑠璃廠と旧宣武区
006 王府井と市街東部
007 北京動物園と市街西部
008 頤和園と西山
009 盧溝橋と周口店
010 万里の長城と明十三陵

【天津 - まちごとチャイナ】

001 はじめての天津
002 天津市街
003 浜海新区と市街南部
004 薊県と清東陵

【上海 - まちごとチャイナ】

001 はじめての上海
002 浦東新区
003 外灘と南京東路
004 淮海路と市街西部
005 虹口と市街北部
006 上海郊外（龍華・七宝・松江・嘉定）
007 水郷地帯（朱家角・周荘・同里・甪直）

【河北省 - まちごとチャイナ】

001 はじめての河北省
002 石家荘
003 秦皇島
004 承徳
005 張家口
006 保定
007 邯鄲

【江蘇省 - まちごとチャイナ】

001 はじめての江蘇省
002 はじめての蘇州
003 蘇州旧城
004 蘇州郊外と開発区
005 無錫
006 揚州
007 鎮江
008 はじめての南京
009 南京旧城
010 南京紫金山と下関
011 雨花台と南京郊外・開発区
012 徐州

【浙江省 - まちごとチャイナ】

001 はじめての浙江省
002 はじめての杭州
003 西湖と山林杭州
004 杭州旧城と開発区
005 紹興
006 はじめての寧波
007 寧波旧城
008 寧波郊外と開発区
009 普陀山
010 天台山
011 温州

【福建省 - まちごとチャイナ】

001 はじめての福建省
002 はじめての福州
003 福州旧城
004 福州郊外と開発区
005 武夷山
006 泉州
007 厦門
008 客家土楼

【広東省 - まちごとチャイナ】

001 はじめての広東省
002 はじめての広州
003 広州古城
004 天河と広州郊外
005 深圳(深セン)
006 東莞
007 開平(江門)
008 韶関
009 はじめての潮汕
010 潮州
011 汕頭

【遼寧省 - まちごとチャイナ】

001 はじめての遼寧省
002 はじめての大連
003 大連市街
004 旅順
005 金州新区

006 はじめての瀋陽
007 瀋陽故宮と旧市街
008 瀋陽駅と市街地
009 北陵と瀋陽郊外
010 撫順

【重慶 - まちごとチャイナ】

001 はじめての重慶
002 重慶市街
003 三峡下り（重慶〜宜昌）
004 大足

【香港 - まちごとチャイナ】

001 はじめての香港
002 中環と香港島北岸
003 上環と香港島南岸
004 尖沙咀と九龍市街
005 九龍城と九龍郊外
006 新界
007 ランタオ島と島嶼部

【マカオ - まちごとチャイナ】

001 はじめてのマカオ
002 セナド広場とマカオ中心部
003 媽閣廟とマカオ半島南部
004 東望洋山とマカオ半島北部
005 新口岸とタイパ・コロアン

【Juo-Mujin（電子書籍のみ）】

Juo-Mujin 香港縦横無尽
Juo-Mujin 北京縦横無尽
Juo-Mujin 上海縦横無尽

【自力旅游中国 Tabisuru CHINA】

001 バスに揺られて「自力で長城」
002 バスに揺られて「自力で石家荘」
003 バスに揺られて「自力で承徳」
004 船に揺られて「自力で普陀山」
005 バスに揺られて「自力で天台山」
006 バスに揺られて「自力で秦皇島」
007 バスに揺られて「自力で張家口」
008 バスに揺られて「自力で邯鄲」
009 バスに揺られて「自力で保定」
010 バスに揺られて「自力で清東陵」
011 バスに揺られて「自力で潮州」
012 バスに揺られて「自力で汕頭」
013 バスに揺られて「自力で温州」

【車輪はつばさ】
南インドのアイラヴァテシュワラ寺院には建築本体に車輪がついていて寺院に乗った神さまが人びとの想いを運ぶと言います。

- 本書はオンデマンド印刷で作成されています。
- 本書の内容に関するご意見、お問い合わせは、発行元のまちごとパブリッシング info@machigotopub.com までお願いします。

まちごとチャイナ
北京001 はじめての北京
～ニーハオ！北京［モノクロノートブック版］

2017年11月14日　発行

著　者	「アジア城市（まち）案内」制作委員会
発行者	赤松　耕次
発行所	まちごとパブリッシング株式会社 〒181-0013　東京都三鷹市下連雀4-4-36 URL http://www.machigotopub.com/
発売元	株式会社デジタルパブリッシングサービス 〒162-0812　東京都新宿区西五軒町11-13 清水ビル3F
印刷・製本	株式会社デジタルパブリッシングサービス URL http://www.d-pub.co.jp/

MP077

ISBN978-4-86143-211-8 C0326　　　Printed in Japan
本書の無断複製複写（コピー）は、著作権法上での例外を除き、禁じられています。